Für Martin

Liebe Friederike und lieber Peter,

die besten Wünsche zu Eurer ersten gemeinsamen Hochzeit für Euch, Josefine, Frank und Amelie.
Es ist schön, dass wir Euch kennen und mit Euch feiern dürfen
Viel Freude beim Lesen und Gottes Segen miteinan

Gabi, Georg, Lisa
und [illegible]

Lektorat: Thomas Minssen

Grafische Gestaltung: Steffi Kassler
Lithografie: Photolitho AG, Gossau / ZH
Druck: Kösel, Krugzell
ISBN 3 907588 73 8

Eine Geschichte von Gabriele Kiefer
mit Bildern von Sylvia Graupner

Meine erste Hochzeit

BAJAZZO VERLAG

»Warum heiratet mich keiner?«, fragte ich meine Mutter.
Sie schaute mich mit großen Kulleraugen an, schluckte und staunte:
»Aber du bist doch erst fünf! Ist das nicht etwas früh fürs Heiraten?«

Da erzählte ich ihr von Anna, die Tom liebte. Zarah wollte erst Louis und dann Frank heiraten. Carmen, Maria und Kevin planten sogar gleich eine Hochzeit zu dritt.

»Geht das überhaupt, Mama?

Kann man wirklich zu dritt heiraten?«, fragte ich.

Meine Mutter lachte. Ich hatte ihr verheimlicht, dass kaum einer mehr mit mir spielen wollte, weil ich keinen zum Heiraten hatte.

TOM & ANNA
ZARAH & LOUIS
1.
2.
ZARAH & ~~LOUIS~~ FRANK
Tschüß
CARMEN, MARIA & KEVIN

LOLLY
F-IX

Also habe ich meinen Vater gefragt: »Sag, Papa, liegt es etwa daran, dass ich das längste Mädchen bin?«
Mein Vater schüttelte energisch den Kopf und meinte: »So groß bist du doch auch wieder nicht.«
Und dann seufzte er: »Früher wollten alle kleinen Mädchen ihren Vater heiraten.«
»Das muss aber schon lange her sein«, antwortete ich.
Darauf schenkte er mir einen Lolli.

Abends sind meine Eltern ins Kino gegangen. Meine Oma brachte mich ins Bett. Und auch sie habe ich gefragt.

»Ach, du liebe Güte!«, rief meine Oma.
»Ich habe doch noch gar nicht genug Geld gespart, damit du eine große Hochzeit feiern kannst!«

»Bitte, bitte, nur eine einzige Torte, so eine rosa Hochzeitstorte mit drei Stockwerken. Und obenauf steht ein Paar aus Marzipan, das ist alles. Oder höchstens noch ein paar mickrige Blumen«, bat ich.

Meine Oma nickte tapfer.

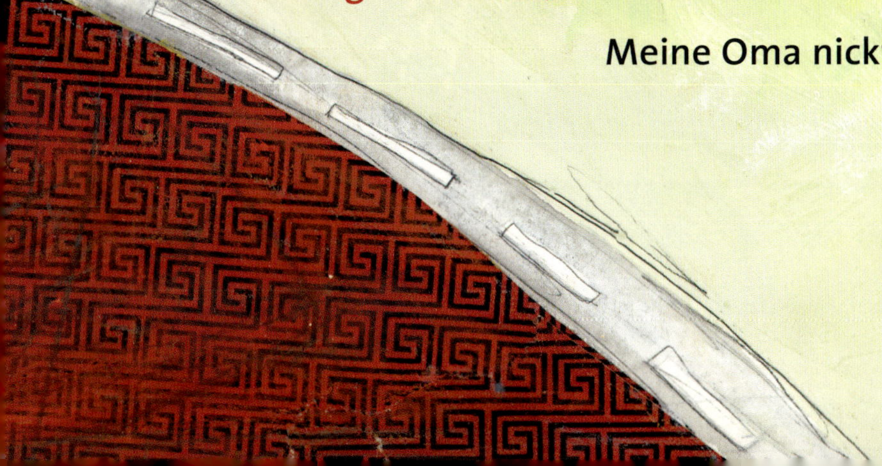

Am nächsten Tag traf ich meine wilde Tante, die mit den verrückten Kleidern. Sie schubste mich auch gleich in ihre Kleiderkammer. Dort durfte ich mich toll verkleiden und mit Ketten behängen.

Dann zog sie mich raus auf ihren Balkon,
breitete die Arme aus und sagte: »Jetzt erzähl mal,
wen möchtest du denn heiraten?«

»Er will eine andere«, flüsterte ich verlegen.

Mein Gesicht wurde rot wie ein Apfel.
Und meine Tante beruhigte mich mit leiser Stimme:
»Vielleicht entscheidet er sich noch anders?«
Ich schüttelte den Kopf: »Er darf nur mich lieben.«

»Und wer will dich heiraten?« fragte meine Tante schlau.

»Robert! Aber der zählt nicht. Er ist zu jung und zu klein. Er ist fast einen ganzen Kopf kleiner als ich.«

»Die Liebe ist wie ein Vögelchen. Das fliegt von Herz zu Herzen«, versicherte mir meine Tante. Aber da hatte ich meine Zweifel.

DIE LIEBE
IST WIE EIN VÖGELCHEN.
DAS FLIEGT VON
HERZ ZU HERZEN

Schließlich fragte ich
meine beste Freundin.
Das war gefährlich.
Denn meine beste Freundin
wollte den kleinen Robert
nur zu gerne heiraten.

Deshalb fragte ich schnell:
»Warum will keiner der großen Jungs mich heiraten?«

Und meine beste Freundin platzte heraus, so dass es alle hören konnten: »Dich will keiner heiraten, weil du nicht küssen kannst!«
Mir blieb fast das Herz stehen. Ich konnte nicht küssen? Warum nicht? Würde ich das nie lernen?

HEIRATEN!
KEINER
WEIL
DU NICHT
KÜSSEN
KANNST!

»Soll ich dir zeigen, wie es geht?«,
fragte Robert, der hinter mir gestanden hatte.

Ich beugte vorsichtig den Kopf zu ihm hinunter. Er küsste mich leicht wie der Wind auf die Wange. Ich hatte gar nicht gewusst, dass Küssen so herrlich kribbeln kann, und zum Schluss kam ein ganz klein wenig Spucke dazu. Man durfte aber nicht sabbern.

Nachdem ich wusste, dass Robert so wunderbar küssen konnte und es auch mir so viel Spaß machte, ihn zu küssen, wollte ich ihn natürlich sofort heiraten.
Robert und ich malten uns Ringe auf die Finger.
Für alle Freunde gab es anschließend Himbeermatsche.
An diesem Tag haben wir viel getanzt.

Als ich meinen Eltern später davon erzählte,
weinte meine Mutter vor Glück,
und auch mein Vater schniefte in ein Taschentuch.
Da habe ich die beiden getröstet.

»Ich bleibe ja noch ein bisschen bei euch,
es ist doch gerade mal meine erste Hochzeit.«

ES IST JA ERST
MEINE ERSTE HOCHZEIT